上海市交通运输行业协会标准

城市轨道交通工程自动化监测技术标准

Technical standard for automatic monitoring of urban rail transit engineering

T/SHJX 069—2024

主编单位：上海市隧道工程轨道交通设计研究院
批准部门：上海市交通运输行业协会
施行日期：2024 年 9 月 21 日

同济大学出版社

2024 上海

图书在版编目(CIP)数据

城市轨道交通工程自动化监测技术标准 / 上海市隧道工程轨道交通设计研究院主编. --上海：同济大学出版社，2025.1. -- ISBN 978-7-5765-1537-4

Ⅰ. U239.5-65

中国国家版本馆 CIP 数据核字第 2025S5Z806 号

城市轨道交通工程自动化监测技术标准

上海市隧道工程轨道交通设计研究院　主编

责任编辑　朱　勇
责任校对　徐逢乔
封面设计　陈益平

出版发行　同济大学出版社　　www.tongjipress.com.cn
　　　　　(地址：上海市四平路1239号　邮编：200092　电话：021-65985622)
经　销　全国各地新华书店
印　刷　苏州市古得堡数码印刷有限公司
开　本　889mm×1194mm　1/32
印　张　2.25
字　数　56 000
版　次　2025年1月第1版
印　次　2025年1月第1次印刷
书　号　ISBN 978-7-5765-1537-4
定　价　30.00元

本书若有印装质量问题，请向本社发行部调换　　　版权所有　侵权必究

上海市交通运输行业协会

沪交协〔2024〕第 59 号

上海市交通运输行业协会
关于发布《城市轨道交通工程自动化监测技术标准》
团体标准的通知

经上海市交通运输行业协会第八届第二十五次秘书长办公会议专题研究,同意公开发布《城市轨道交通工程自动化监测技术标准》团体标准。

发布编号为:T/SHJX 069—2024。

特此通知。

上海市交通运输行业协会
2024 年 6 月 21 日

前　言

为规范城市轨道交通工程自动化监测工作，保证工程本体和周边环境安全，根据上海市交通运输行业标准化团体标准的要求，上海市交通运输行业协会和上海市隧道工程轨道交通设计研究院组织有关单位经广泛调查研究，认真总结城市轨道交通工程自动化监测实践经验，参考国内外有关标准，并在广泛征求意见的基础上，编制本标准。

本标准由上海市交通运输行业协会负责管理，上海市隧道工程轨道交通设计研究院负责解释。执行过程中如有意见或建议，请与上海市隧道工程轨道交通设计研究院联系（地址：上海市宜山路1999号；邮编：200235；电话：021-54519988；E-mail：916567894@qq.com）。

本标准共7章，主要内容包括：总则；术语；基本规定；自动化监测技术与方法；自动化监测硬件系统；自动化监测软件系统；监测成果及信息反馈。

授权委托单位：上海市交通运输行业协会轨道交通专业委员会
主 编 单 位：上海市隧道工程轨道交通设计研究院
参 编 单 位：上海申通地铁集团有限公司技术中心
　　　　　　　　上海地铁监护管理有限公司
　　　　　　　　上海申通地铁建设集团有限公司
　　　　　　　　苏州市轨道交通集团有限公司
　　　　　　　　上海申诚隧道轨道交通工程建设监理有限公司
　　　　　　　　上海市地矿工程勘察（集团）有限公司
　　　　　　　　上海新地海洋工程技术有限公司
　　　　　　　　上海米度测控科技有限公司

苏州南智传感科技有限公司
瑞科(广州)仪器科技有限公司
苏州瑞茨伯工程监测技术有限公司
上海横阖科技有限公司
上海海洋地质勘察设计有限公司
上海东亚地球物理勘查有限公司
上海申元岩土工程有限公司

主要起草人：王成荣　陈　鸿　丁利红　李家平　施　政
　　　　　　　刘朝明

（以下按姓氏笔画）

　　　　　丁　峰　王社江　卢嘉毅　叶尚莹　白　昀
　　　　　朱永冲　乔　伟　刘　星　刘洪波　许　准
　　　　　许建海　牟建华　李　强　李伟强　李定友
　　　　　肖庆疆　吴　旻　何艳平　张亚勇　陈宇明
　　　　　武牧之　林立祥　贾立翔　徐　瑾　高　亮
　　　　　曹　晖　董一今　潘　骏　戴　斌　魏　刚

主要审查人：应惠清　黄永进　季善标　侯明勋　刘　春
　　　　　　　刘万兰　严学新

目 次

1 总 则 ··· 1
2 术 语 ··· 2
3 基本规定 ··· 4
4 自动化监测技术与方法 ································· 6
  4.1 一般规定 ·· 6
  4.2 水平位移监测 ······································ 8
  4.3 竖向位移监测 ······································ 9
  4.4 深层水平位移监测 ······························· 11
  4.5 支撑轴力监测 ···································· 12
  4.6 地下水位监测 ···································· 13
  4.7 倾斜监测 ·· 13
  4.8 裂缝宽度监测 ···································· 13
  4.9 孔隙水压力监测 ································· 14
  4.10 土体分层竖向位移监测 ······················ 15
  4.11 爆破振动监测 ·································· 16
  4.12 土压力监测 ····································· 17
  4.13 收敛监测 ·· 17
  4.14 远程视频监控 ·································· 18
  4.15 比对测量 ·· 19
5 自动化监测硬件系统 ·································· 20
  5.1 一般规定 ·· 20
  5.2 硬件系统的性能与要求 ······················· 20
  5.3 硬件系统的安装及保护 ······················· 20
  5.4 硬件系统的维护 ································· 21

6 自动化监测软件系统 ………………………………………… 22
　　6.1 一般规定 ……………………………………………… 22
　　6.2 功能要求 ……………………………………………… 22
　　6.3 管理与维护要求 ……………………………………… 23
7 监测成果及信息反馈 ……………………………………… 24
　　7.1 监测成果 ……………………………………………… 24
　　7.2 信息反馈 ……………………………………………… 25
附录 A 自动化监测系统设备巡查记录表 …………………… 27
本标准用词说明 ………………………………………………… 28
引用标准名录 …………………………………………………… 29
条文说明 ………………………………………………………… 31

Contents

1 General provisions ·· 1
2 Terms ·· 2
3 Basic requirements ·· 4
4 Automatic monitoring technologies and methods ············ 6
   4.1 General requirements ······································ 6
   4.2 Monitoring of horizontal displacement ················· 8
   4.3 Monitoring of vertical displacement ····················· 9
   4.4 Monitoring of subsurface horizontal displacement
       ·· 11
   4.5 Monitoring of support axial force ······················· 12
   4.6 Monitoring of water table ································ 13
   4.7 Monitoring of inclination ································· 13
   4.8 Monitoring of crack width ······························· 13
   4.9 Monitoring of void water pressure ····················· 14
   4.10 Monitoring of vertical displacement of soil layering
       ·· 15
   4.11 Monitoring of blasting vibration ······················· 16
   4.12 Monitoring of soil pressure ····························· 17
   4.13 Convergence monitoring ································ 17
   4.14 Remote video surveillance ······························ 18
   4.15 Comparative measurement ····························· 19
5 Automatic monitoring hardware system ······················ 20
   5.1 General requirements ······································ 20

5.2　Performance and requirements of the hardware system ·················· 20
5.3　Installation and protection of the hardware system ·················· 20
5.4　Maintenance of the hardware system ················ 21
6　Automatic monitoring software system ···················· 22
　6.1　General requirements ···················· 22
　6.2　Functional requirements ···················· 22
　6.3　Requirements for management and maintenance ·················· 23
7　Monitoring achievement and information feedback ······ 24
　7.1　Monitoring achievement ···················· 24
　7.2　Information feedback ···················· 25
Appendix A　Inspection record table of automatic monitoring system equipment ·················· 27
Explanation of wording in this standard ···················· 28
List of quoted standards ···················· 29
Explanation of provisions ···················· 31

1 总　则

1.0.1 为规范城市轨道交通工程自动化监测工作，做到技术先进、安全实用、成果可靠、经济合理，保证工程和周边环境安全，制定本标准。

1.0.2 本标准适用于城市轨道交通工程全生命周期自动化监测。

1.0.3 城市轨道交通工程自动化监测应综合考虑工程设计、工程地质和水文地质条件、周边环境情况、施工方案等因素编制监测方案，并组织与实施。

1.0.4 实施城市轨道交通工程自动化监测除应符合本标准外，尚应符合国家、行业及上海市现行有关标准的规定。

2 术 语

2.0.1 城市轨道交通 urban rail transit
采用专用轨道导向运行的城市公共客运交通系统,包括地铁、轻轨、单轨、有轨电车、磁浮、自动导向轨道等系统。

2.0.2 城市轨道交通工程监测 monitoring of urban rail transit engineering
使用仪器(传感器)量测、现场巡查或远程视频监控等手段和方法,获取反映城市轨道交通工程本体以及周边环境对象的安全状态、变化特征及发展趋势的信息,并进行分析、反馈的活动。

2.0.3 自动化监测 automatic monitoring
利用计算机、通信、测量、传感器等技术构建系统,实现监测信息的自动化采集、传输、处理和预警,并以适当方式显示或输出测试结果。

2.0.4 自动化监测设计 automatic monitoring design
在项目实施前进行的专项技术设计,包括软件系统的设计、硬件系统的设计、监测传感器的选择、仪器设备的安装、数据采集与处理方法、应急响应等技术方法。

2.0.5 自动化监测软件系统 automatic monitoring software system
为实现自动化监测功能,利用计算机程序设计语言编制的程序集合,用于控制和管理外部设备,并输出成果供用户使用。

2.0.6 自动化监测硬件系统 automatic monitoring hardware system
自动化监测中的物理设备,即由机械、光、电、磁器件构成的具有计算、控制、存储、输入和输出功能的实体部件。

2.0.7 监测传感器 monitoring component
布设在监测对象上,能按照一定的规律转换成可用信号的器件或装置,通常由敏感元件和转换元件组成。

2.0.8 比对测量 comparative measurement

为验证测试结果,在满足规范要求前提下,采取不同测量方法或不同测量设备对同一监测点进行量测并比较其测量结果的过程。

2.0.9 分布式光纤监测 distributed fiber optical monitoring

在被测结构物或岩土体中植入传感光缆,实现被测物的一维或多维方向上空间连续的多物理量量测的技术方法。

2.0.10 收敛监测 convergence monitoring

对隧道表面径向两点间的相对变形和变形规律的测量。

2.0.11 测量机器人 surveying robot

能代替人进行自动搜索、跟踪、辨识和精确照准目标并获取角度、距离、三维坐标以及影像等信息的智能型电子全站仪。

3 基本规定

3.0.1 在城市轨道交通工程监测中,符合以下情况之一的,宜实施自动化监测:
1 人工监测频率无法满足要求的监测工程。
2 不便于实施人工监测的监测工程。
3 重要建(构)筑物、历史保护建筑等的监测。
4 其他具有特殊要求的监测工程。

3.0.2 自动化监测单位应根据设计要求、工程特点及现场环境条件,在项目实施前进行专项监测设计,编制自动化监测实施方案。监测实施方案应经建设等相关单位认可,必要时还应组织专家进行论证。

3.0.3 自动化监测项目设置、监测点布设等应满足现行有关标准的要求。

3.0.4 变形监测基准点、工作基点的布设及测量精度应满足现行有关标准的要求,变形监测宜按照监测报警值的 $1/20 \sim 1/10$ 作为精度指标。

3.0.5 自动化监测传感器应具有出厂合格证或率定证书,量程、使用寿命等性能指标应满足自动化监测的要求。

3.0.6 自动化监测设施应稳固、结构合理,避开障碍物,便于数据采集和传输,并避免设备侵限。

3.0.7 自动化监测设施应设置警示标识、标识牌并安装专用的保护装置。

3.0.8 自动化监测系统安装调试过程中,应对系统进行检测,经验收合格后方可投入使用。

3.0.9 自动化监测实施过程中,应对自动化监测设施进行检查和维护。

3.0.10 自动化监测系统应具有数据备份、安全保护等功能。

3.0.11 自动化监测系统应具有监测信息实时反馈功能。

3.0.12 自动化监测项目应进行比对测量,并在运行过程中进行。

4 自动化监测技术与方法

4.1 一般规定

4.1.1 实施自动化监测时,应根据具体项目的特点、要求和现场作业条件等因素选择合适的自动化监测技术与方法。监测技术与方法应具备先进性、可靠性、经济性。

4.1.2 监测初始值应在相关施工工序之前测定,在稳定条件下连续采集时间不少于 24 h,取 3 次稳定数据的平均值作为初始值,并与人工监测采集的初始值进行比对。比对合格后方可实施。

4.1.3 监测数据的处理宜由软件系统自动进行,软件系统的功能和参数应符合本标准的有关规定。

4.1.4 监测传感器在布设前宜进行自检。

4.1.5 自动化监测设备安装前,应对设备状态进行检查、测试。

4.1.6 自动化监测系统运行过程中传感器损坏或发生故障时应及时更换。

4.1.7 各类监测项数据的采样频率应根据工程需要确定,且不低于 3 次/h。

4.1.8 基坑工程、隧道工程、高架工程自动化监测对应的方法选择应符合表 4.1.8-1～表 4.1.8-3 的规定。

表 4.1.8-1 基坑工程自动化监测方法选择

测项	方法	仪器
水平位移	极坐标法、交会法、自由设站法	测量机器人

续表4.1.8-1

测项	方法	仪器
竖向位移	高差法	测量机器人
深层水平位移	倾角位移叠加法、光波长测量法	固定测斜仪、柔性测斜仪、光纤光栅解调仪、机械式测斜仪
支撑轴力	测试频率法、光波长测量法	频率仪、光纤光栅解调仪
地下水位	测试频率法、光波长测量法	频率仪、光纤光栅解调仪
倾斜	投影法、倾角法、差异高差法	电子式倾斜计、测量机器人、静力水准仪
裂缝宽度	测试频率法、光波长测量法	频率仪、光纤光栅解调仪
孔隙水压力	测试频率法、光波长测量法	频率仪、光纤光栅解调仪
土体分层竖向位移	测读法、光波长测量法	分层沉降仪、多点位移计、光纤光栅解调仪、静力水准仪
爆破振动	振动波测量法	拾振仪
土压力	测试频率法	频率仪、差阻式土压力计

表4.1.8-2 隧道工程自动化监测方法选择

测项	方法	仪器
水平位移	交会法、测距法、准直法	测量机器人、光电测距仪
竖向位移	高差法、连通管法、倾角法	测量机器人、静力水准仪、电水平尺
倾斜	投影法、差异高差法	电子式倾斜计、测量机器人、静力水准仪
净空收敛	坐标法、测距法、全断面扫描法	测量机器人、三维激光扫描仪、红外激光测距仪
裂缝宽度	测试频率法、光波长测量法	频率仪、光纤光栅解调仪

表 4.1.8-3 高架工程自动化监测方法选择

测项	方法	仪器
水平位移	极坐标法、交会法、自由设站法	测量机器人
竖向位移	高差法、倾角法、连通管法	测量机器人、静力水准仪、电水平尺
深层水平位移	倾角位移叠加法、光波长测量法	固定测斜仪、柔性测斜仪、光纤光栅解调仪、机械式测斜仪
倾斜	投影法、差异高差法	电子式倾斜计、测量机器人、静力水准仪
裂缝宽度	测试频率法、光波长测量法	频率仪、光纤光栅解调仪
土压力	测试频率法	频率仪、差阻式土压力计

4.2 水平位移监测

4.2.1 水平位移监测可采用测量机器人、光电测距仪等仪器。当选用测量机器人监测时,可采用极坐标法、交会法、自由设站法;当选用光电测距仪时,可采取激光测距法、激光准直法。

4.2.2 水平位移监测网宜采用独立坐标系统一次性布网。为提高监测网精度和可靠性,监测点与控制点可同网布设。

4.2.3 水平位移监测基准点、工作基点的布设和测量应符合下列规定:

1 水平位移监测基准点的数量不应少于3个,应布设在变形影响范围之外,并与工作基点保持通视。基准点埋设应牢固、可靠。

2 水平位移监测工作基点宜设置为具有强制对中装置的观测墩。

3 水平位移监测基准点网的测量宜采用边角测量、后方交会等方法。

4 每次水平位移观测前,应对相邻基准点进行稳定性检查。

4.2.4 采用测量机器人测量水平位移时,监测点标志应牢固连接到监测对象上。

4.2.5 采用光电测距仪测量水平位移时,测线应避开潮湿、粗糙的反射面,测量精度不应低于1 mm。

4.2.6 基坑工程和隧道工程水平位移监测的精度应符合表4.2.6的规定。

表4.2.6 水平位移监测精度要求

工程监测等级	一级	二级	三级
监测点坐标中误差(mm)	≤±2	≤±3	≤±5

注:1 监测点坐标中误差系指监测点相对测站点(如工作基点等)的坐标中误差,为点位中误差的$1/\sqrt{2}$。
  2 对有特殊精度要求的监测对象宜进行专项设计。

4.2.7 采用测量机器人进行基坑工程或隧道工程的水平位移自动化监测时,应符合下列规定:

 1 应采用具有马达驱动、自动跟踪照准功能的测量机器人,宜配置自动整平基座和电子温湿度气压计。

 2 实施前应进行水平位移监测网设计,并估算变形监测点精度。

 3 监测测回数应根据变形监测点的精度要求、测量机器人标称精度、测站至监测点的距离等因素综合确定。

 4 自动化监测系统宜包含超限自动重测等功能。

 5 基坑工程测站点至监测点的距离不宜大于300 m。

 6 隧道工程测站点至监测点的距离不宜大于150 m。

 7 测量机器人组网观测时,应进行基准传递和观测2个以上的重叠监测点。

4.3 竖向位移监测

4.3.1 竖向位移监测可采用测量机器人、静力水准仪、电水平尺等仪器。当选用测量机器人监测时,可采用高差法;当选用静力水准仪监测时,可采用连通管法;当选用电水平尺监测时,可采用倾角法。

4.3.2 竖向位移监测网布设应符合下列要求:

1 竖向位移监测网宜采用绝对高程系统,也可采用独立高程系统。

2 静力水准监测网应布设成闭合或附合线路,宜一次布设,基点高程应采用几何水准方法定期复核。同一测段内测点高差不宜超过静力水准仪的量程。

3 采用测量机器人进行竖向位移自动化监测时,宜与水平位移监测网同网布设。

4 静力水准的测段长度不宜超过 200 m。

5 静力水准相邻测点高差大于量程的 80% 时,宜进行测点转换。

4.3.3 采用静力水准进行竖向位移监测时,应符合下列规定:

1 应根据竖向位移控制值及观测精度要求,选取静力水准仪。

2 静力水准观测的精度应符合表 4.3.3 的规定。

表 4.3.3 静力水准观测精度要求

工程监测等级	一级	二级	三级
静力水准仪标称精度(mm)	≤±0.3	≤±0.5	≤±1.0

注:对有特殊精度要求的监测对象宜进行专项设计。

4.3.4 采用测量机器人进行竖向位移自动化监测时,应符合下列规定:

1 宜与水平位移监测同步观测。

2 测量机器人竖向位移监测精度应满足监测对象竖向位移控制值的要求。

3 测量机器人、电水平尺的精度应符合现行行业标准《建筑变形测量规范》JGJ 8 的要求。

4.4 深层水平位移监测

4.4.1 深层水平位移监测可采用固定测斜仪、柔性测斜仪、光纤光栅解调仪和机械式测斜仪等仪器，通过倾角位移叠加法、光波长测量法进行监测。

4.4.2 测斜传感器量程不宜大于 15°，分辨率不宜低于 0.005°，量测精度不宜低于 0.01°，耐水压不宜低于 2 MPa，传感器可采用双轴或单轴模式。

4.4.3 测斜管宜采用 PVC、ABS 工程塑料或铝合金材料制成，管内应有 2 组相互垂直的纵向导槽。

4.4.4 采用固定测斜仪、柔性测斜仪实施自动化监测时，传感器间距不宜大于 1.5 m，应确保传感器与测斜管间相对稳定，并进行防水处理。

4.4.5 深层水平位移自动化监测宜与人工监测进行比对，当二者累计变形差异超过报警值 1/10 时，应分析二者测值偏离原因，必要时应更换传感器。

4.4.6 深层水平位移自动化监测系统应具备管口位移量修正功能。

4.4.7 可利用光纤光栅解调仪，将分布式应变传感光缆固定在围护结构的主筋上监测围护结构深层水平位移，并应满足下列要求：

　　1 宜采用将分布式应变传感光缆植入支护结构体的方式。

　　2 分布式应变传感光缆宜采用定点结构，定点间距不大于 1 m，光缆抗拉强度不小于 3 kN，变形范围不大于 $-3\,000\,\mu\varepsilon \sim 5\,000\,\mu\varepsilon$。

　　3 分布式应变传感光缆宜沿钢筋绑扎布设，平行于待测结构变形方向，形成 U 型对称回路。

4 监测系统测试精度不宜低于 $5\,\mu\varepsilon$，重复性测试精度不宜低于 $5\,\mu\varepsilon$。

4.5 支撑轴力监测

4.5.1 支撑轴力可利用频率仪、光纤光栅解调仪进行量测。其中，应变式传感器包括钢筋应力计、应变计、应变式光纤传感器。通过测试传感器的频率、光波长度的方法监测轴力。

4.5.2 传感器的量程宜为预估值的1.5倍～2.0倍，分辨率不宜低于0.2%F·S，精度不宜低于0.5%F·S。

4.5.3 传感器宜根据监测对象材质类型进行选择，混凝土支撑轴力监测宜选用钢筋应力计，钢支撑轴力监测宜选用轴力计或应变计，传感器宜具有测温功能。

4.5.4 传感器埋设前应进行标定和编号，埋设位置应避开应力集中区，埋设完成后应做好防护措施。

4.5.5 点式监测可采用光纤光栅钢筋应力计、应变计等，空间连续监测可采用分布式应变传感光缆，应满足下列要求：

1 混凝土应力监测：分布式应变传感光缆宜采用定点结构，定点间距不大于1 m，光缆抗拉强度不小于3 kN，变形范围不大于$-3\,000\,\mu\varepsilon$～$5\,000\,\mu\varepsilon$，并采用分布式温度传感光缆进行温度修正。

2 钢结构应力监测：宜采用带状结构的分布式应变传感光缆，变形范围不大于$\pm3\,000\,\mu\varepsilon$，并采用分布式温度传感光缆进行温度修正。

3 混凝土应力监测：分布式应变传感光缆沿主筋绑扎布设，应不少于2个U型对称回路；钢支撑应力监测：分布式应变传感光缆沿表面粘贴布设，应不少于1个U型对称回路。

4 监测系统测试精度不宜低于 $5\,\mu\varepsilon$，重复性测试精度不宜低于 $5\,\mu\varepsilon$。

4.6 地下水位监测

4.6.1 地下水位监测可利用频率仪、光纤光栅解调仪通过测试频率法、光波长测量法等方法进行监测。传感器应符合下列规定：
    1 传感器的最大量程应满足地下水位的变化需要。
    2 设备应具备抗干扰、抗腐蚀能力，具有测温功能。

4.6.2 地下水位监测设备的测量精度不宜低于 0.5%F·S。

4.6.3 水位孔的埋设应参照现行国家标准《建筑基坑工程监测技术标准》GB 50497 的相关要求执行。

4.6.4 水位传感器测试完成后进行初值采集，人工数据采集应同步进行，差值不应大于 50 mm。

4.7 倾斜监测

4.7.1 倾斜监测可利用电子式倾斜计、测量机器人、静力水准仪等仪器，采用投影法、倾角法、差异高差法进行监测。

4.7.2 传感器分辨率不宜低于 0.005°，量测精度不宜低于 0.1%F·S。

4.7.3 监测双向倾斜时，如采用单轴倾斜仪，应采用 2 台正交模式。

4.7.4 倾斜监测精度应符合现行国家标准《城市轨道交通工程监测技术规范》GB 50911 和现行行业标准《建筑变形测量规范》JGJ 8 的有关规定。

4.8 裂缝宽度监测

4.8.1 裂缝宽度监测可利用频率仪、光纤光栅解调仪等仪器，采用测试频率法、光波长测量法等方法进行监测。

4.8.2 裂缝传感器的选型应满足下列规定：

1 传感器的最大量程应满足监测对象裂缝收缩与扩张的变化需要。

2 传感器分辨率不宜低于 0.2%F·S，量测精度不宜低于 0.5%F·S，且不宜低于 0.1 mm。

3 传感器应具备防水、稳定、耐腐蚀、抗径向力等性能，并具有温度修正功能。

4.8.3 传感器设备安装应符合下列规定：

1 安装前根据监测需要确定埋设位置和方向，宜安装在裂缝最宽处。

2 裂缝计或位移计应平行于结构物表面，且垂直于裂缝。

4.8.4 应定期采用人工测量与自动化监测进行比对，差值不应大于 0.2 mm。

4.8.5 点式监测可采用光纤光栅裂缝计、位移计，裂缝普查可采用分布式应变传感光缆，应满足下列要求：

1 1 mm 以内微裂纹宜采用全紧包类分布式传感光缆，1 mm 以上裂缝宜采用定点结构类分布式传感光缆，变形测试范围不大于 ±10 000 $\mu\varepsilon$。

2 光缆布设宜垂直于裂缝发展方向，全紧包类分布式传感光缆可采用表面粘贴布设或混凝土内埋布设，定点结构类分布式传感光缆可采用夹具固定安装或混凝土内埋布设。

3 监测系统测试精度不宜低于 20 $\mu\varepsilon$，重复性测试精度不宜低于 5 $\mu\varepsilon$。

4.9 孔隙水压力监测

4.9.1 孔隙水压力可利用频率仪、光纤光栅解调仪等仪器，采用测试频率法、光波长测量法等方法进行监测。

4.9.2 孔隙水压力计应满足下列要求：

1 量程满足被测压力范围的要求，可取静水压力与超孔隙水压力之和的 2 倍。

2 精度不宜低于 0.5%F·S，分辨率不宜低于 0.2%F·S。

4.9.3 孔隙水压力计埋设可采用压入法、钻孔法等。

4.9.4 孔隙水压力计埋设前应满足下列要求：

1 孔隙水压力计应浸泡饱和，排除透水石中的气泡。

2 应核查标定数据，记录探头编号，测读初始读数。

4.9.5 采用钻孔法埋设孔隙水压力计时，钻孔直径宜为 110 mm～130 mm，不宜使用泥浆护壁成孔，钻孔应圆直、干净；封口材料宜采用直径 10 mm～20 mm 的干燥膨润土球。

4.9.6 孔隙水压力计埋设后应测量初始值，且宜逐日量测 1 周以上并取得稳定初始值。

4.10 土体分层竖向位移监测

4.10.1 土体分层竖向位移可利用分层沉降仪、多点位移计、光纤光栅解调仪结合自动化采集传输模块，采用测读法、光波长测量法进行监测；或者通过埋设深层沉降标，顶部安装静力水准仪进行监测。

4.10.2 土体分层竖向位移监测点埋设应至少在施工前 1 周完成。采用磁环式分层沉降标时，应保证沉降管安置到位后与土层密贴牢固。

4.10.3 采用磁环式分层沉降标智能采集传输模块或采用静力水准自动化监测时，应定期监测沉降管口或静力水准基准点的高程变化，并计算出各监测点的绝对高程。

4.10.4 土体分层竖向位移监测系统精度不宜低于 1.5 mm。

4.10.5 可采用将分布式应变传感光缆钻孔埋设至所需深度土层监测土体分层竖向位移。分布式应变传感光缆应满足下列要求：

1 岩土体深部分层沉降监测宜采用分布式应变传感光缆。

2 分布式应变传感光缆宜采用定点式结构，定点间距 1 m～5 m，变形范围不大于±10 000 $\mu\varepsilon$，并采用分布式温度传感光缆进行温度修正。

3 分布式传感光缆通过钻孔植入，钻孔直径宜为 90 mm～110 mm，光缆下放完成后进行回填。

4 监测系统测试精度不宜低于 20 $\mu\varepsilon$，重复性测试精度不宜低于 5 $\mu\varepsilon$。

4.11 爆破振动监测

4.11.1 爆破振动监测系统由测振传感器（拾振仪）、数据采集仪及数据分析软件组成，测振传感器可采用垂直、水平单向传感器或三矢量一体传感器。采用振动波测量法进行监测。

4.11.2 测振传感器的安装应符合下列规定：

1 应保证测振传感器与被测对象连接牢固，避免置于松软地面以及不平整、不坚实的构件表面。

2 安装过程中应严格控制每一测点不同方向的测振传感器安装角度，角度误差不得大于 5°。

4.11.3 爆破拾振监测应符合下列规定：

1 应收集爆破规模、爆破方式、孔网参数及起爆网路等爆破参数。

2 合理选择自触发设定值，设置的量程、记录时间及采样频率应满足对被测物理量的监控要求。

3 测量过程中应避免影响环境振动测量值的非振动源干扰。

4 测量过程中应保证仪器电压稳定。

4.11.4 爆破振动监测仪器量程精度的选择应符合现行国家标

准《爆破安全标准》GB 6722 的有关规定。

4.12 土压力监测

4.12.1 土压力监测可利用频率仪、差阻式土压力计结合自动采集传输模块,采用测试频率法进行监测。

4.12.2 土压力计的选型应满足下列规定:

    1 土压力计的量程应满足待测压力范围要求,其上限宜取最大设计压力的 1.5 倍～2.0 倍。

    2 传感器分辨率不宜低于 $0.2\%F \cdot S$,量测精度不宜低于 $0.5\%F \cdot S$。

    3 传感器应稳定性强、耐久性好、防水性能好、抗腐蚀性强,并具有抗震及抗冲击性能。

    4 土压力计直径(D)与其工作面中心挠度(δ)之比 D/δ 应大于 2 000;土压力计应具有足够的刚度,其等效模量应大于土的模量 5 倍～10 倍。

    5 采用埋入式传感器观测土压力时,应选择匹配误差较小的土压力计,其直径(D)与厚度(H)之比 D/H 应满足 $10 < D/H < 20$。

4.12.3 土压力计埋设可采用挂布法、弹入法及顶入法等。

4.12.4 土体钻孔埋设土压力计时,各深度宜单独成孔,确保土压力计处于设计土层中,孔内回填材料宜与周围土体保持一致,回填应均匀、密实。

4.13 收敛监测

4.13.1 隧道收敛监测可利用测量机器人、三维激光扫描仪或红外激光测距仪等仪器,采用坐标法、测距法、全断面扫描法进行监测。

4.13.2 采用红外激光测距仪监测时,应符合下列规定:

1 测距仪的标称精度应优于±2 mm。

2 应在收敛测线一端设置照准标志;隧道侧壁粗糙时,瞄准标志宜采用反射贴片。

4.13.3 采用测量机器人对边测量法进行固定测线的收敛监测时,应符合下列规定:

1 固定测线两端宜布设棱镜或反射贴片等观测标志。二级及以下固定测线采用免棱镜观测时,可布设简易定位标志。

2 一级观测的测量机器人标称精度不应低于$1''$(1 mm+1 ppm);二级及以下观测,当采用基于无目标激光测距功能的测量机器人观测时,标称精度不应低于$2''$(2 mm+2 ppm)。观测前应测定无目标测距加常数,并对观测边长进行加常数改正。

3 测量边长时,应依次照准固定测线的两个端点,通过分别测定其三维坐标,计算固定测线的长度。

4.14 远程视频监控

4.14.1 视频监控系统由视频采集终端、中心管理服务器、中心存储服务器、显示终端等组成。

4.14.2 中心管理服务器是整体系统的控制管理中心,其功能宜包括:

1 接受视频采集终端、中心存储服务器、控制主机、数字显示终端的注册。

2 具有中心控制台的指令系统,保存信息同时传送指令信息给相应终端。

3 中心监控平台支撑有权限的 Web 访问、显示终端或大屏投放控制。

4 具备系统内设备的时间同步、系统日志记录、验证用户合法性、自动重启等功能。

4.14.3 视频采集终端应具有图像采集、现场查看、图像压缩、流媒体实时传输等功能,并宜具有心跳回传等功能。

4.14.4 远程视频监控相关技术要求应符合现行国家标准《公共安全视频监控联网系统信息传输、交换、控制技术要求》GB/T 28181 的相关规定。

4.14.5 远程视频监控宜纳入轨道交通智慧工地、智慧地铁等系统。

4.14.6 远程视频监控应覆盖:
1 现场自动化监测设备。
2 重要部位的监测点。
3 工程本体。
4 影响范围内的周边环境。
5 需要巡视的其他对象。

4.15 比对测量

4.15.1 自动化监测项目的比对测量应采用人工现场监测,并应符合下列规定:
1 自动化监测系统安装调试阶段应进行比对测量。
2 工程关键节点实施前,宜进行比对测量。
3 自动化监测系统或监测结果异常时,应进行比对测量。

4.15.2 比对测量应符合下列规定:
1 应采用现行规范要求的常规成熟的仪器和方法进行比对测量。
2 应在相同工况下进行比对测量。
3 比对测量较差小于人工测量 2 倍中误差,方可实施自动化监测项目。

5 自动化监测硬件系统

5.1 一般规定

5.1.1 自动化监测硬件系统应包含数据自动采集、传输、存储等功能。

5.1.2 自动化监测硬件系统应具备工程、气候等环境适应性。

5.1.3 自动化监测硬件系统应设置外部防护装置。

5.1.4 自动化监测硬件系统宜配备备用电源。

5.2 硬件系统的性能与要求

5.2.1 应具备数据备份、故障上报、监测频率配置功能。

5.2.2 应具备自报式数据上传功能,按设定的时间间隔自动进行测量及数据上报。

5.2.3 宜具备应答式数据上传功能,通过远程指令控制设备进行数据采集与上报。

5.2.4 宜具备数据补发、异常自动恢复、远程固件升级、阈值超限自动加密数据采集等功能。

5.2.5 宜具备一定的自我健康诊断、远程运维交互与管理能力。

5.3 硬件系统的安装及保护

5.3.1 硬件系统安装应符合下列规定:

　　1 对位置和方向有要求的监测设备的安装,应严格控制位置,不应侵限。

2 监测设备的安装支架应埋设牢靠,水平度和垂直度应满足设计要求。

3 安装过程中,应进行硬件系统的检测、监测参数配置,并做好详细记录。

4 更新改造时,不应破坏原有可用的监测设施。

5.3.2 硬件系统保护应符合下列规定:

1 应有可靠的防雷电感应措施,接地应满足电气设备接地要求。

2 宜采用专用电源,并具备稳压及过电压保护、断电保护措施。

5.4 硬件系统的维护

5.4.1 应定期对监测设备及设施进行检查、维护。

5.4.2 极端天气前后或系统异常情况时,应对监测设备及设施进行检查、维护。

5.4.3 应建立仪器、仪表设备维护档案。

6 自动化监测软件系统

6.1 一般规定

6.1.1 自动化监测软件系统应包含服务器资源、数据传输网络和软件系统。

6.1.2 自动化监测软件系统应采用面向服务的架构设计,宜预留与其他业务平台进行数据共享的接口。

6.1.3 自动化监测软件系统应符合国家安全与保密相关规定。

6.2 功能要求

6.2.1 数据展示与查询应具备下列功能:
    1 具备监测数据、监测点、监测分组、监测工区等展示功能。
    2 监测数据应采用符合现行国家标准《建筑基坑工程监测技术标准》GB 50497 要求的图表形式进行展示,并具备导出功能。
    3 具备历史数据查询功能。

6.2.2 报表制作应具备下列功能:
    1 监测日报表生成及下载功能。
    2 自动化监测日报表中各数据宜选择同一时间段数据进行填写。
    3 报表存储功能,并可对报表进行增、删、查操作。

6.2.3 报警系统应具备下列功能:
    1 数据报警功能。
    2 多级报警阈值管理功能。

  3 报警审批及处置功能。

6.2.4 项目管理应具备下列功能：
  1 多项目、多工程管理功能。
  2 监测点、监测分组、监测工区等管理功能。
  3 多种可视化方式进行展示。
  4 工程、项目相关文档的上传及存储功能。

6.2.5 系统应具备下列其他功能：
  1 用户权限分级管理功能。
  2 人工数据录入/导入功能。
  3 人工数据与自动化数据比对功能。
  4 日志记录功能，对用户登录、操作进行记录。
  5 云上容灾保护与本地恢复功能。
  6 支持多用户并发访问。
  7 支持数据备份及恢复。
  8 数据存储空间可扩展。
  9 数据查询响应时间满足业务使用需求。

6.3 管理与维护要求

6.3.1 服务器配置可采用私有云、公有云或混合云的方式开展。

6.3.2 系统安全建设应满足下列要求：
  1 应实现用户身份标识和鉴别。
  2 应实现用户访问控制并具备日志记录功能。
  3 应实现用户数据完整性保护。
  4 应实现应用软件和数据库备份与故障恢复。
  5 监测数据宜进行加密处理。

7 监测成果及信息反馈

7.1 监测成果

7.1.1 监测成果应包括现场自动化监测数据包、自动导出的报表、计算分析资料、图表、曲线、文字报告等。

7.1.2 监测成果资料宜自动生成，并包含完整的信息。

7.1.3 日报应包括下列内容：

    1 当日气象和工况。

    2 仪器监测项目各监测点的本次测试值、单次变化值、变化速率以及累计值等，必要时绘制有关曲线图。

    3 远程监控及巡视检查的记录。

    4 对监测项目应有正常或异常的判断性结论。

    5 对达到或超过监测报警值的监测点应有报警标示，并有分析和建议。

    6 对远程监控及巡视检查发现的异常情况应有详细描述，危险情况应有报警标示并有分析和建议。

7.1.4 阶段性报告应包括下列内容：

    1 该监测阶段相应的工程、气象及周边环境概况。

    2 该监测阶段的自动化监测项目及测点的布置图。

    3 各项监测数据的整理、统计及监测成果的过程曲线。

    4 各监测项目监测值的变化分析、评价及发展预测。

    5 人工比对监测方法及对比结果。

    6 相关的设计和施工建议。

7.1.5 总结报告的内容应包括下列内容：

    1 工程概况。

  2 自动化监测依据。
  3 自动化监测项目。
  4 监测点布置及测点统计。
  5 自动化监测设备和监测方法。
  6 监测频率及报警值设置。
  7 监测结果及报警情况。
  8 人工对比监测方法及对比结果。
  9 各监测项目全过程的发展变化分析及整体评述。
  10 自动化监测工作结论与建议。

7.1.6 监测成果资料应定期整理并备份。

7.1.7 自动化监测成果应以电子、纸质两种形式分别提交且签字齐全,并按照建设工程档案资料保存年限进行归档。

7.2 信息反馈

7.2.1 监测过程中的成果资料提交、监测报告传递、监测预警及相关情况通知等宜建立信息反馈机制,并采用自动化方式进行反馈。

7.2.2 监测预警应根据警情程度的高低建立不同层级的报警等级和消警机制。

7.2.3 自动化监测系统应具有针对不同层级、权限的相关人员进行梯次预警的功能。

7.2.4 当出现下列情况之一时,必须立即进行报警,并应通知有关各方采取应急措施:
  1 监测点变形监测累计值或变形速率达到监测预警值。
  2 基坑、隧道支护结构出现明显变形、较大裂缝、断裂、较严重渗漏水、隧道底鼓,支撑出现明显变位或脱落、锚杆出现松弛或拔出等,高架和桥梁出现明显变形、较大裂缝。
  3 基坑、隧道周围土体出现涌砂、涌土、管涌、较严重渗漏水、突水、滑移、坍塌及基底较大隆起等。

  4 周边地表出现突然明显沉降或较严重的突发裂缝、坍塌或地面冒浆、泡沫等。

  5 周边地下管线变形突然明显增大或出现裂缝、泄漏等。

  6 根据当地工程经验判断，出现其他必须进行预警的情况。

7.2.5 预警信息报送单位、报警处置和响应、消警等相关内容和流程应符合现有规范要求。

附录 A 自动化监测系统设备巡查记录表

表 A 自动化监测系统设备巡查记录

监测工程名称：　　　　　　　　　　　　编号：
巡查时间：　年　月　日　时　　天气：　　　温度：

分类	巡查内容	巡查结果	备注
系统硬件现场设施	基准点完好状况		
	工作基点完好状况		
	监测仪器设备完好状况		
	监测传感器完好状况		
	通信设施(含线缆)完好状况		
	供电设施(含线缆)完好状况		
	基准点、工作基点、监测点等保护装置完好状况		
	标识标牌完好状况		
	各类设施的保护装置完好状况		
系统硬件终端	计算机设备完好状况、运行情况		
系统软件设施	自动化监测系统软件运行情况		

巡查人：　　　　　　　　　项目负责人：
监测单位：

本标准用词说明

1 为便于在执行本标准条文时区别对待,对于要求严格程度不同的用词说明如下:

1) 表示很严格,非这样做不可的用词:
正面词采用"必须",反面词采用"严禁"。
2) 表示严格,在正常情况下均应这样做的用词:
正面词采用"应",反面词采用"不应"或"不得"。
3) 表示允许稍有选择,在条件许可时首先应这样做的用词:
正面词采用"宜",反面词采用"不宜"。
4) 表示有选择,在一定条件下可以这样做的用词,采用"可"。

2 本标准中指明应按其他有关标准、规范执行的写法为"应符合……要求(规定)"或"应按……执行"。

引用标准名录

1 《建筑基坑工程监测技术标准》GB 50497
2 《城市轨道交通工程监测技术规范》GB 50911
3 《工程测量标准》GB 50026
4 《爆破安全规程》GB 6722
5 《城市轨道交通工程测量规范》GB/T 50308
6 《公共安全视频监控联网系统信息传输、交换、控制技术要求》GB/T 28181
7 《建筑变形测量规范》JGJ 8
8 《城市轨道交通结构安全保护技术规范》CJJ/T 202

上海市交通运输行业协会标准

城市轨道交通工程自动化监测技术标准

T/SHJX 069—2024

条 文 说 明

2024 上海

目 次

- 1 总 则 …… 37
- 3 基本规定 …… 38
- 4 自动化监测技术与方法 …… 40
  - 4.1 一般规定 …… 40
  - 4.2 水平位移监测 …… 40
  - 4.3 竖向位移监测 …… 42
  - 4.4 深层水平位移监测 …… 42
  - 4.5 支撑轴力监测 …… 45
  - 4.6 地下水位监测 …… 46
  - 4.7 倾斜监测 …… 47
  - 4.8 裂缝宽度监测 …… 47
  - 4.9 孔隙水压力监测 …… 49
  - 4.10 土体分层竖向位移监测 …… 50
  - 4.11 爆破振动监测 …… 51
  - 4.12 土压力监测 …… 51
  - 4.13 收敛监测 …… 52
  - 4.14 远程视频监控 …… 53
  - 4.15 比对测量 …… 54
- 5 自动化监测硬件系统 …… 55
  - 5.2 硬件系统的性能与要求 …… 55
  - 5.3 硬件系统的安装及保护 …… 56
  - 5.4 硬件系统的维护 …… 57
- 6 自动化监测软件系统 …… 58
  - 6.1 一般规定 …… 58

6.2　功能要求 ································· 58
7　监测成果及信息反馈 ································· 60
　　7.1　监测成果 ································· 60
　　7.2　信息反馈 ································· 60

Contents

1 General provisions 37
3 Basic requirements 38
4 Automatic monitoring technologies and methods 40
   4.1 General requirements 40
   4.2 Monitoring of horizontal displacement 40
   4.3 Monitoring of vertical displacement 42
   4.4 Monitoring of subsurface horizontal displacement
      42
   4.5 Monitoring of support axial force 45
   4.6 Monitoring of water table 46
   4.7 Monitoring of inclination 47
   4.8 Monitoring of crack width 47
   4.9 Monitoring of void water pressure 49
   4.10 Monitoring of vertical displacement of soil layering
      50
   4.11 Monitoring of blasting vibration 51
   4.12 Monitoring of soil pressure 51
   4.13 Convergence monitoring 52
   4.14 Remote video surveillance 53
   4.15 Comparative measurement 54
5 Automatic monitoring hardware system 55
   5.2 Performance and requirements of the hardware
      system 55

5.3 Installation and protection of the hardware system 56

5.4 Maintenance of the hardware system 57

6 Automatic monitoring software system 58

   6.1 General requirements 58

   6.2 Functional requirements 58

7 Monitoring achievement and information feedback 60

   7.1 Monitoring achievement 60

   7.2 Information feedback 60

1 总 则

1.0.1 自动化监测作为一项在近年不断发展壮大的工程应用技术,在轨道交通工程领域的应用也是大量涌现,但至今仍然处于没有统一标准的状态。为规范城市轨道交通工程自动化监测工作,做到技术先进、安全实用、成果可靠、经济合理,保证工程和周边环境安全,制定本标准,具有必要性。

1.0.2 本标准主要是针对轨道交通工程建设期的基坑工程、隧道工程、高架桥梁工程自动化监测及建成后投入运营的轨道交通自动化健康监测,贯穿了城市轨道交通工程全生命周期自动化监测。

1.0.3 本条明确了城市轨道交通工程自动化监测的设计与实施应遵循的原则。

3 基本规定

3.0.1 本条明确了采用自动化监测技术的几种情况,包括工程实际需求、监测信息的实时需求、监测对象环境的要求,以及监测技术进步的要求。其目的是提高监测效率,利用技术进步解放人力,更好地为工程提供高效的监测信息,确保工程本体和周边环境的安全。

3.0.2 自动化监测技术方案的设计除了具备常规监测的内容和流程外,还应包括自动化监测的内容、技术方法、自动化监测设备和相应的布设安装方法、测点(孔)及设备和传感器与线路保护措施等。鉴于自动化监测涉及新技术、新方法、新设备和新材料,为确保自动化监测方案的质量,应组织相关专家进行论证。

3.0.3 自动化监测与常规人工监测只是实现技术手段上的差别,在项目设置、监测点布设的要求上是一致的。因此,自动化监测也应满足现行有关标准的要求。

3.0.6 自动化监测现场设施包括传感器、数据线、信息采集系统等,其安装应确保稳固、明显、结构合理,避开障碍物,便于数据采集和传输,并防止设备侵限。同时,应采取适当的线路保护措施,确保既不影响施工,也不影响运营。

3.0.8 自动化监测系统安装调试过程中应对系统进行检测,以保证自动化监测系统的正常运行要求。

3.0.9 在自动化监测的实施过程中,应对自动化监测设施进行定期的检查和维护,主要通过现场巡视和远程监控系统的监测来完成。一旦发现监测信息异常或设施存在问题,应立即采取维护、检修或更换等措施,以确保自动化监测系统的正常运行。

3.0.10 在实施自动化监测的项目中,监测系统应具有数据备份和安全保护等功能。首先，由于自动化监测的每个测项都会产生大量的原始数据，为了满足监测信息的溯源和分析需求，系统必须具备监测数据备份的功能。其次，自动化监测系统在运行过程中，传感器、线路、数据采集系统可能会出现故障或其他异常情况，为了保证监测信息的连续性和完整性，系统必须具备对监测信息的安全保护功能。

3.0.12 自动化监测项目应采用成熟的方法和仪器设备对监测项目的精确性、可靠性等关键指标进行校核测量，以确保自动化监测项目的精度达到相关标准和项目要求。

4 自动化监测技术与方法

4.1 一般规定

4.1.2 监测初始值应在相关施工工序之前测定,在稳定条件下连续采集时间不少于 24 h,如果只是确定 3 次,无法准确界定其是否为稳定值,只有经历一定时段的测试,观察数据的稳定情况,从海量的数据中取 3 次稳定数据的平均值作为初始值才能符合相应要求。同时,需与人工监测采集的初始均值进行比对。

4.1.4 监测传感器在布设前宜进行自检,其目的是检查其标定参数及状态是否满足监测精度和可靠性要求。

4.1.5 自动化监测设备安装前应对设备状态进行检查、测试,其目的是保证设备的正常使用要求。

4.1.6 自动化监测设施在使用过程中受到现场环境的影响,可能会导致个别传感器或设备的故障。自动化监测系统运行过程中传感器损坏或发生故障时应及时更换或修理,避免自动化监测系统的异常。

4.1.7 本条规定了自动化监测频率的要求。

4.1.8 本条具体说明了轨道交通在建工程和运营阶段,不同专业工程自动化监测方法的适用场景。监测方法的选择可根据表 4.1.8-1～表 4.1.8-3 进行选择。其中,有关联络通道、防淹门的自动化监测可根据监测内容选择相应的方法。

4.2 水平位移监测

4.2.1 监测特定方向上的水平位移时,可采用激光测距法、激光准直法等。对于线型工程（如隧道）的水平位移监测，宜采用后方交会法，基准点应保证5点以上，并将基准点纳入监测网内参与平差处理，以提高精度。

4.2.2 对于基坑工程的水平位移监测，一般宜采用小角度法或基准线法测量，精度能够得到保证；对于隧道工程的水平位移监测，宜采用后方交会法，测量精度可以得到保证。

4.2.3 对于基坑工程水平位移监测，基准点一般设置3个即可，以定期检校工作基点的稳定性。对于隧道工程的水平位移监测，如采用后方交会法，则至少设置5个工作基点。如有条件，工作基点宜设置为固定观测墩的形式，以消除对中误差，保证监测精度。当采用光学对中装置时，对中误差不大于0.5 mm。

4.2.5 采用光电测距仪测量水平位移时测线应避开潮湿、粗糙的反射面，其原因在于潮湿、粗糙的反射面影响测距精度。

4.2.7 目前，测量机器人极坐标法是水平位移自动化监测的主要方法之一，测量机器人仪器精度是影响观测精度的关键。测量机器人极坐标法水平位移自动化监测的误差分析，考虑了仪器测角与测距误差、ATR自动照准误差的综合影响，未考虑基坑项目周边环境温度、气压和旁折光等因素。当基坑水平位移自动化监测精度要求较高时，需要顾及基坑相关环境因素的影响，并通过适当增加测回数以提高监测成果的精度。

测量机器人极坐标法自动化观测，宜设置强制对中观测墩，以消除测站对中误差影响。测站点（工作基点）邻近基坑，易受基坑变形、施工作业以及观测墩体本身可能发生的不均匀沉降影响。为提高监测成果可靠性，每次观测均应对控制点稳定性进行检查，应定期联测基准点，校核测站点坐标。

按照监测点坐标中误差不大于1.5 mm、2.0 mm、3.0 mm的精度要求，考虑基坑监测中测站点至监测点距离一般不大于300 m，经分析，获得不同标称精度测量机器人坐标观测所需要的测回数见表1。当基坑现场观测条件不利或监测数据不稳定时，可适当增加测回数或选用高等级仪器来提高监测精度。

表1 不同标称精度测量机器人坐标观测所需要的测回数

测量机器人标称精度	监测点坐标中误差(mm)		
	1.5	2.0	3.0
0.5″(0.6 mm+1 ppm)	1	1	1
0.5″(0.8 mm+1 ppm)	1	1	1
1.0″(1 mm+1 ppm)	2	1	1
1.0″(1 mm+1.5 ppm)	2	1	1

4.3 竖向位移监测

4.3.2 静力水准监测网如果是线型路线,宜在两端各布设不少于2个基准点,以进行附合检测,定期检测基准点的稳定性。当相邻测点高差大于量程的80%时,宜进行测点转换。在测点高差大于量程的80%后,连通器内的液面容易受其他因素影响,导致精度降低或引起连通管液体流动不畅影响整个静力水准测量系统的正常运行。静力水准的测段长度不宜超过200 m,测段过长会影响系统的精度。

4.4 深层水平位移监测

4.4.1 深层水平位移监测目前主要采用固定测斜仪或柔性测斜仪。固定测斜仪根据传感器类型的不同,可分为电解质式、振弦式、伺服加速度式、微机电系统式(MEMS)、光纤光栅式等。近年来,随着MEMS技术的快速发展,微机电系统式固定测斜仪在深层水平位移自动化监测系统中的应用变得广泛,这种传感器可串联安装,安装便捷,且具有高灵敏度和精度,稳定性也较好。基于MEMS传感技术的柔性测斜仪(阵列式位移计)在岩土工程监测项目中的应用也日益增多,取得了准确可靠的深层水平位移测试成果,其安装更为便捷,为深层水平位移自动化监测提供了更丰富的技术手段。而光纤传感监测围护结构的侧向位移,其应用前提是围护体为刚性结构,监测的是顶底无变化条件下内部的相对变形。在软土地基情况下,需要适当加测围护结构的绝对倾角数据,以修正光纤测斜数据,从而得到围护结构的空间侧向位移值。

4.4.2 传感器的精度、系统精度及线性度与量程之间存在关联。选取量程较大的传感器可能会导致其精度降低。轨道交通工程深层水平位移测试精度要求较高,传感器选型时量程宜控制在15°以内。传感器长期在水中工作,其本身需具有一定的耐水压力。在上海地区,目前最深的测斜深度达到了110 m,为确保传感器的正常工作,其耐水压不宜低于2 MPa。

4.4.3 测斜管作为安装固定测斜仪与柔性测斜仪的载体,其管径大小以匹配传感器外部尺寸为原则,安装完成后传感器应能在测斜管导槽内上、下自由滑动。测斜管管材的选择应考虑埋设深度及管外介质,埋设深度不大于40 m时,可采用PVC管材;埋设深度超过40 m时,宜采用ABS或铝合金管材。

4.4.4 原状土及加固土体中测斜管与钻孔间的空隙应采用粗砂或黏土球充填。受水土荷载作用,管周扰动土体及回填土应力重新调整,不宜立即观测初始值。根据上海地区软土地基已有的测试经验,测斜管周边土体应力调整完成至少需要1周,该阶段取得的测斜管初始管形相对稳定。

4.4.5 固定测斜仪及柔性测斜仪埋设前应检查外观及标志,宜对传感器防水密封性及绝缘性进行测试,传感器的静态特性指标应通过实际校准获得。静态特性校准按3个进、回程实施,级差取0.2F·S,标定系数采用最小二乘法直线拟合。

4.4.6 固定测斜仪及柔性测斜仪传感器布设间距需考虑监测精度的要求,同时兼顾经济原则。由于制造工艺的差异,固定测斜仪通常观测的测段长度为1 m、2 m、3 m,而柔性测斜仪观测的测段长度通常为0.5m、1m。传感器所测结果是测段长度范围内的角度值。因此,相同长度范围内由于传感器布设数量的不同,计算所得深层水平位移测值亦不相同。加密传感器布设数量可了解更多深度的变形,同时增强成果的可靠性。不同类型的监测对象对水平位移量测精度要求不同,可根据监测要求合理配置传感器数量。

自动化监测系统投入使用前,采用读数仪比测方法可了解数据采集装置测量结果的准确度。取相同时间、相同测次的数据采集装置测值序列和读数仪测值序列,分别计算数据采集装置测量标准差σ_m、读数仪测量标准差σ_r,测值序列不宜少于20个,计算综合标准差σ后对采集装置测量结果的准确度进行评价。当二者比测差值$\delta \leqslant 2\sigma$时,采集装置测量准确度为合格;当二者比测差值$\delta > 2\sigma$时,采集装置测量准确度不合格,应进行更换。

4.4.7 采用光纤传感技术监测深层水平位移应满足下列事项:

1 采用光纤传感技术监测深层水平位移,其基本原理为获得支护体弯曲应变,根据相关力学模型计算位移分布。因此,该方法测量的是由于支护结构体自身变形产生的水平位移,不包括由于结构体整体转动产生的附加位移。

2 光缆抗拉强度要求是为抵抗布设、注浆过程中产生的破坏;传感光缆的变形范围要求是按照钢筋发生屈服时应变的2倍,并结合混凝土裂纹影响及实际经验确定的。

3 支护结构深层水平位移监测光纤布设工艺如下:

　　1) 选点定位:在围护结构钢筋笼上选择对称分布的两根主筋,将传感光缆笔直贴合在所选择的主筋上。

　　2) 定点绑扎:在工程现场中提前以"定点绑扎"的方式把传感光缆固定在第一节钢筋笼上,底部做好过弯处理。"定点绑扎"即间隔一段固定一点的绑扎方式。

　　3) 预留光缆:应根据钢筋笼分节数量与分节长度,将对应长度的传感光缆绕圈固定在首节钢筋笼头部,并在后续每节钢筋笼上预留牵引绳。

  4)接桩处理:待第一节钢筋笼与第二节钢筋笼接合完毕后,利用提前预留的长绳将底部光缆拉至钢筋笼顶部。开始下放钢筋笼,下放一段后,停顿一会儿,理顺并向上预拉光缆,沿着钢筋笼的侧面绑扎固定传感光缆。

  5)桩头保护:后期桩头处理过程很容易破坏桩头预留传感光缆,因而桩头处传感光缆应采用高强度的双层管(内层钢管、外层PVC管)进行保护。

4 基于光纤应变的水平位移可按照下式计算:

$$D(z) = \int_0^z \int_0^z \frac{\varepsilon}{rz} \mathrm{d}z \mathrm{d}z \tag{1}$$

式中:$D(z)$——水平位移(mm);

   ε——弯曲应变($\mu\varepsilon$);

   z——测试深度(m);

   r——对称布设的光纤之间的距离(mm)。

  基于以上公式,也可对系统测试精度进行评价。例如:地连墙深度50 m,厚度1 000 mm,应变测试精度5 $\mu\varepsilon$,测试精度优于0.12 mm/m。

4.5 支撑轴力监测

4.5.5 采用光纤传感技术监测支撑轴力应满足下列要求:

  1 按照钢结构屈服时最大应变的2倍考虑钢支撑监测传感光缆的变形范围。

  2 混凝土支撑轴力监测传感光缆布设工艺如下:

   1)选定点位:混凝土支撑钢筋笼制作完成后,在对称两个面各选取一根主筋作为光缆布设的线路,要求两根主筋在同一个竖向平面上。

   2)定点绑扎:以"定点绑扎"的方式把感测光缆固定在选定

的钢筋笼主筋上,并在混凝土支撑一端形成 U 型回路,且在回路位置做好过弯处理。

3) 出线保护:在后期出土等施工过程中,出线端位置引线光缆很容易遭到破坏,在出混凝土位置用高强管进行保护。

3 钢支撑轴力监测传感光缆布设工艺如下:

1) 选点定位:在钢支撑吊装至安装位置后及加载前进行选点安装。在支撑对称面各选择一条测线,并沿支撑水平长度方向画线标记。

2) 底胶涂覆:在光缆布设线路上涂刷一层底胶,以提高光缆与待测结构之间的粘合度。

3) 光缆布设:沿着路线布设传感光缆,要求布设过程平直,同时排去光缆与底胶之间可能产生的气泡。

4) 面胶涂覆:在整条光缆上再刷一层面胶,确保整条线路中光缆完全浸入粘结剂。

5) 接头保护:出线位置光纤先穿 5 mm 铠装空管再穿钢丝软管进行保护,根据具体项目要求,引至监测位置。

4 轴力监测按下式计算,可用于对轴力监测精度的评价:

$$Q(z) = \varepsilon \cdot E(z) \cdot A(z) \qquad (2)$$

式中:$Q(z)$——轴力(kN);

ε——测试应变($\mu\varepsilon$);

$E(z)$——z 位置处弹性模量(GPa);

$A(z)$——z 位置截面面积(m^2)。

4.6 地下水位监测

4.6.1 目前市场上存在多种类型和原理的地下水位监测设备。在满足准确度要求的前提下,传感器设备的品种和规格宜统一。

传感器外壳宜具备良好的坚硬度、耐蚀性(耐强酸、耐强碱、耐盐蚀)、韧性,以及较强的抗干扰和抗腐蚀能力。传感器可在—15℃~65℃范围内实现温度补偿和零位校正。

4.6.3 在水位观测孔中直接埋设水位观测传感器时可参照水位观测管进行,必要时可采用带透水孔的钢管或PVC管等透水护管保护。

4.6.4 水位传感器测量的初始值与人工采集的初始值应换算到同一基准面。

4.7 倾斜监测

4.7.1 当被测建(构)筑物具有足够的整体结构刚度时,可采用倾角法。

4.7.2 结构物的倾斜会改变倾角计的倾角,角度累计变化量即为结构物倾斜率,根据结构物的高度或长度可以换算得出结构物倾斜变形量。倾斜变形量计算公式如下:

$$\Delta S_t = L \times (\sin \alpha_t - \sin \alpha_0) \tag{3}$$

式中:ΔS_t——结构物的倾斜变化量(mm);

L——结构物高度或长度(mm);

α_t——第 t 次倾角(°);

α_0——初始倾角(°)。

4.8 裂缝宽度监测

4.8.1 裂缝计应能自动测量伸缩缝或裂缝开合度的变形量。裂缝长度监测宜采用直接量测法,裂缝深度监测宜采用超声波法、凿出法等。

4.8.2 仪器安装前首先检查传感器是否完好。方法如下:将仪器接上读数仪,用游标卡尺卡住仪器两端,向两头拉或向中间推压一段距离,查看读数仪读数变化是否与游标卡尺读数一致。

1 因裂缝发展的不确定性,有开合位移及沿裂缝方向剪切位移等情况,必要时设置多个传感器对不同裂缝发展方向进行测量。

裂缝计安装时初始读数宜调整在量程 1/2 左右,确保裂缝出现张合情况都能监测。应详细记录监测对象已有裂缝的分布位置和数量,并统一编号,拍照留档,记录各裂缝的位置、走向、长度、宽度、深度、记录日期等信息。

3 差阻式裂缝计是基于电磁感应原理设计的,温度对传感器精度和稳定性影响较小,可通过增加保温棉等防护措施最大限度地消除温度对裂缝计的影响,且可以减小振动对其造成的影响。但应避免或杜绝在强电强磁场的环境中使用。如必须,则需对传感器加装抗电磁干扰的设备或金属防护罩。

4.8.3 裂缝计可采用锚固或焊接的方式固定在结构表面。安装时,应避免旋转裂缝计的传递杆,以防止对传感器造成永久损坏。

如监测钢结构表面裂缝,宜将裂缝计焊接在结构表面。焊接前,根据裂缝计读数确定合适的设置距离,并对焊接位置的结构表面进行清理(抛光、磨砂等)。先将锚杆直接焊接在钢结构上,再将裂缝计的两端通过螺栓安装在锚杆上。传感器的安装应在焊接装置焊接完成后进行,严禁在安装传感器过程中或完成后进行焊接处理,以免对传感器造成永久损坏。

如监测混凝土或岩石等表面,可采用灌浆锚杆进行安装。安装前,根据裂缝计读数确定合适的设置距离,用电锤或其他合适的工具在确定位置钻孔,并清除孔内杂物。使用水泥或环氧树脂等材料填注钻孔,并将锚杆推进至与表面平齐。待水泥或环氧树脂凝固后,将传感器与锚杆连接。如需要快速安装或无法安装灌浆锚杆,也可采用膨胀螺栓进行锚杆固定。

4.8.4 采用裂缝计进行裂缝监测时,宜采用游标卡尺进行人工比对测量。

4.8.5 采用光纤传感技术监测裂缝宽度应注意下列事项:

1 基于分布式应变传感光缆进行裂纹宽度监测,其基本原理为裂纹发生和发展导致光缆一定长度上产生应变变化,应变值在固定长度上的积分即为裂纹宽度。

2 全紧包类分布式传感光缆对裂纹更为敏感,适用于微裂纹监测;定点结构类分布式传感光缆测量范围大,适用于裂纹发展监测。

3 分布式应变光缆可采用内埋或者表面粘贴工艺布设。内埋布设工艺参考支撑轴力光缆布设工艺;表面粘贴工艺中,全紧包类分布式传感光缆采用全粘贴方式,定点结构类分布式传感光缆采用先将夹具粘贴于结构体,再将光缆粘贴于夹具的方式。

4 裂缝宽度监测按下式计算:

$$\Delta L = \varepsilon \cdot L \cdot 10^{-6} \tag{4}$$

式中:ΔL——裂缝宽度(mm);

ε——测试应变($\mu\varepsilon$);

L——应变发生范围或定点间距(m)。

基于以上公式也可对系统测试精度进行评价。例如:定点间距 1 m,应变精度 20 $\mu\varepsilon$,计算裂缝监测精度为 0.02 mm。

4.9 孔隙水压力监测

4.9.2 孔隙水压力计在埋设时有可能产生超孔隙水压力,要求孔隙水压力计在基坑施工前 2 周~3 周埋设,有利于超孔隙水压力的消散,得到的初始值也更加合理。

4.9.3 孔隙水压力计埋设应注意的事项:

1 采用压入法埋设孔隙水压力计时,应符合下列规定:

1)压入法可分为半压入法和全压入法。

2）压入法可用于软土、淤泥中孔隙水压力计的安装。

3）当采用半压入法时,宜先钻孔至超过预定深度0.5 m处,再将孔隙水压力计缓慢压入至预定深度。在压入过程中,应测读孔隙水压力计。当读数接近量程的90%时,应暂停压入,待压力消散后再继续压入至预定深度。

4）全压入法可直接将孔隙水压力计压入至预定深度,在淤泥中多支孔隙水压力计可串联压入。

2 采用钻孔法埋设孔隙水压力计时,应符合下列规定:

1）可用于各类土层中安装孔隙水压力计。

2）钻孔应垂直,孔斜不应大于1.5°,钻孔孔径宜为110 mm～130 mm。

3）在填土层或其他松散不稳定的土层中,应下套管护孔,套管应垂直。

4）孔内应无沉淤和稠浆。

5）封口材料宜采用直径10 mm～20 mm的干燥膨润土球。

4.10 土体分层竖向位移监测

4.10.2 采用光纤传感技术进行土体分层位移监测时,应符合下列规定:

1 土体分层竖向位移监测光纤布设工艺如下:

1）导头连接:将传感光缆与承重钢丝绑扎,底部固定于配重导头。

2）光缆下放:在导头重力作用下,缓慢下放光缆,过程中由钢丝绳受力。

3）光缆固定:待光缆下放到底部后,向上提拉50 cm～100 cm,拉紧光缆,并固定在孔口固定架上。

4) 初步检测:利用红光笔、OTDR、便携式光纤解调设备对光缆布设通断进行检测。
5) 钻孔回填:20 m 以浅采用直径 10 mm 的黏土球回填,20 m 以深采用直径 2 mm~5 mm 的石英砂回填。
6) 孔口保护:待回填料沉稳后(通常为 30 d),拆除孔口固定架,通过引线光缆引至监测集成点。

2 分层竖向位移监测按下式计算:

$$\Delta L = \varepsilon \cdot L \cdot 10^{-6} \tag{5}$$

式中:ΔL——位移量(mm);
  ε——测试应变($\mu\varepsilon$);
  L——应变发生范围或定点间距(m)。

基于以上公式也可对系统测试精度进行评价。例如:定点间距 1 m,应变精度不低于 20 $\mu\varepsilon$,计算裂缝监测精度不低于 0.02 mm。

4.11 爆破振动监测

4.11.1 传感器频带范围应覆盖被测物理量的频率,记录设备的采样频率应大于 12 倍被测物理量的上限主振频率,传感器和记录设备的测量幅值范围应满足被测物理量的预估幅值,测试导线宜选用屏蔽电缆。

4.12 土压力监测

4.12.1 土压力计按传感器类型可分为振弦式、差阻式、电阻应变片式、电感式、变磁阻式,目前轨道交通工程监测项目采用振弦式及差阻式相对较多,取得了可靠的成果数据。

4.12.2 根据场地勘察资料及埋设深度预估待测土压力,土压力计的量程选择应以预估土压力为依据,量程不宜过大,上限宜取最大设计压力的 1.5 倍～2.0 倍。观测围护板墙后土压力及盾构隧道结构外侧土压力时应采用界面式土压力计,观测土体内土压力时应采用埋入式土压力计,受力面应与观测压力方向垂直。

为避免土拱效应影响观测精度,采用埋入式传感器观测土压力时,应选择匹配误差小的土压力计。本节传感器的分辨率和精度采用满量程的表示方法,F·S 为 Full Scale 的缩写。

4.12.3 围护板墙后土压力及盾构隧道结构外侧土压力为土体直接作用于结构外侧壁的压力,应采用界面式土压力计;结构外部土体内土压力量测应采用埋入式土压力计。为取得准确可靠的土压力测值,土压力计的承压面应与观测压力方向垂直。

4.12.4 土压力计安装埋设前应检查外观及标志,宜对传感器防水密封性及绝缘性进行测试,传感器的静态特性指标应通过实际校准获得。静态特性校准按 3 个进、回程实施,级差取 0.2F·S,标定系数采用最小二乘法直线拟合。

4.13 收敛监测

4.13.1 隧道收敛监测可采用测量机器人、三维激光扫描仪或红外激光测距仪进行监测。为了提高测量精度,可在隧道另一侧布设棱镜或者反射贴片。

4.13.2 采用自动红外激光测距仪监测时,应在收敛测线一端设置照准标志,其表面应光滑,以免影响测量精度。如果标志表面粗糙或者潮湿,宜采用反射贴片。

4.13.3 采用测量机器人对边测量法进行固定测线的收敛监测时,收敛测线两端监测点应布设在同一断面上,并与隧道中心轴线垂直。一等观测要求最大测线长度不得超过 20 m,测量机器人标称精度不应低于 $1''(1\ mm+1\ ppm)$,同时固定测线两端应布设棱镜或者反射贴片;二等及以下观测,固定测线长度超过 50 m 的,可以采用免棱镜方式,测量机器人标称精度不应低于 $2''$

(2 mm+2 ppm)。

4.13.4 采用三维激光扫描仪进行隧道全断面扫描收敛监测,如果测量范围较短,宜采用固定测站法。该方法采用强制归心的方式设置标靶,每站距离不宜超过 30 m,靶标不宜超过扫描仪 20 m,通过靶标进行坐标传递,最后进行数据拼接和归算。如果测量范围较长,宜采用移动扫描法。在数据采集过程中,可采用局部坐标系,即以隧道中心为原点,与地面平行方向为横坐标,垂直于地面方向为纵坐标,最终计算成果需要归算到以隧道中心轴线为原点的标准坐标。

4.14 远程视频监控

4.14.1 视频监控系统一般由视频采集终端、中心管理服务器、中心存储服务器、显示终端等组成,这样才能满足远程视频监控的技术要求。

4.14.2 中心管理服务器是整体系统的控制管理中心,应具备相应的基本功能。

4.14.3 视频采集终端除应具备本条所列的功能要求外,还应适应现场光照条件、支撑控制中心的云台控制(上、下、左、右调整)和镜头控制(变焦、聚集、光圈等调整)。

4.14.5 远程视频监控可根据自动化监测对象所处的阶段纳入轨道交通智慧工地或智慧地铁等系统。

4.14.6 远程视频监控对象应包括自动化监测系统(测点传感器、设备、线路)状态和监测对象的状态,以及周边环境的状态。这样做的目的有两个:一是对自动化监测的量化数据进行定性巡查,覆盖定量监测的盲区;二是巡查自动化监测系统自身的状态,确保自动化监测系统的正常工作。

4.15 比对测量

4.15.1 自动化监测项目的比对测量规定了比对测量的具体情形要求,目的是保证自动化监测数据全过程的精确性。

5 自动化监测硬件系统

5.2 硬件系统的性能与要求

5.2.1 系统应具备数据备份、故障上传、监测频率配置功能的要求主要考虑：

1 终端数据备份是指防止硬件终端系统出现因为网络无法连接、数据丢包或系统故障而导致的数据丢失。终端数据备份分为本地备份和云端备份，对于自动化监测系统而言，二者同时存在是有必要的。

2 故障上报是指自动化监测硬件设备事先将可能发生的故障类型、情况、严重程度、原因等进行编码，在设备运行过程中通过自我诊断发现，将遇到的故障情况通过编码进行及时上报，从而快速获取设备的故障情况。

3 硬件系统的监测频率应具备可配置的功能，一般指的是硬件系统的采集设备具备采集频率配置的功能。配置频率的形式一般为通过软件平台下发新的采集频率配置参数或者通过现场硬件直接配置。配置完成后，设备将执行新的采集频率。

5.2.2 自报式，即自动上报数据，通过预先设定好的时间戳，进行定时的数据采集，并上报数据。

5.2.3 应答式，即通过远程服务器下发指令，前端硬件设备接受指令后开启数据采集任务，并及时将采集的数据进行上报。

5.2.4

1 数据补发是指在自动化上报过程中，由于网络原因或其他原因造成数据丢包、数据丢失等现象后，系统会再次补充上传这些数据。硬件系统宜具备数据补传功能，这要求硬件数据采集模块中包含存储器，一旦网络通信恢复正常，系统应立即将之前通信失败的数据进行补传。

2 异常自动恢复功能通常指的是，当设备读取传感器数据失败、联网故障以及其他故障时，设备应具备自动重启的能力。

3 远程固件升级是指通过无线技术，利用云服务来实现设备的固件更新，如采集程序的优化、采集频率的更新以及采集参数的更新等。

4 当监测数据超出预设的阈值时，系统可自动加密数据采集功能。超限判断可在采集设备中完成，并完成采集频率的加密。超限判断也可在监测云平台中完成，采集频率指令由监测云平台下发至设备。加密数据采集，即在自动化监测硬件上提前设置数据阈值，当进行自报式数据采集上传时，采集到的数据超过阈值，则在两次自报式上传间隔内，加密进行一次或多次数据采集，以通过多次确认来防止异常数据的误采集。

5.2.5 自动化监测的目的在于不依赖或少依赖人工，实现加密监测和快速响应现场工况。当遇到临时的工况变化时，设备可具备一定的远程遥控实时测量并上报数据的能力，以便快速获取数据。

5.3 硬件系统的安装及保护

5.3.1 在进行硬件系统安装时，应对自动化监测硬件设定的参数进行记录，如振弦式传感器的率定参数、自报式上传数据的频率、设备的唯一表示 SN 号等。支架的安装优先采用膨胀螺栓固定，也可采用结构胶固定支架。

5.3.2 硬件系统的线缆防护可通过开挖线缆沟或采用专用的套管进行防护，以防止作业现场因人工或工程机械造成线缆的损坏。对于现场安装的硬件系统，在适当情况下可加设保护措施，以防止碰撞破坏。硬件系统的保护应做到以下几点：

1 设备应配备备用电源。

2 设备的防雷措施应优先考虑布设在设备的保护箱体的外壳上,并采取有效的接地措施。

3 缆线的保护措施一般为采用波纹管对缆线进行包覆,并将其放置在缆线槽或者缆线沟内。如现场不具备缆线槽或者缆线沟,应采用挂钩的方式对波纹管进行固定,以确保现场的整洁和美观。

4 为了保护仪器设备,应将其布设在远离的施工工区,且采用专用的保护箱体对设备进行封装。

5.4 硬件系统的维护

5.4.1 应定期对接线进行检查,确保其连接坚固,电触点反应灵敏,没有断线和漏电现象。同时,要检查防雷设施是否正常工作,接地电阻是否符合标准,以及电缆是否有浸水、老化或损坏的情况。对于发现的问题,应及时进行修复和改善,并在必要时更换新的部件,以保障设备的安全和稳定运行。

6 自动化监测软件系统

6.1 一般规定

6.1.2 自动化监测软件系统除接收自动化监测硬件上报的数据外,还可通过接口调用或数据推送的形式推送第三方平台进行数据共享。

6.2 功能要求

6.2.1

1 数据查询可通过设定时间区间查询该时间段内数据的变化情况,也可查询每日数据的统计平均值,还可对比每日同一时间区间内数据的相对变化情况,以削弱温度变化和工况差异对数据的影响。

3 如在一定范围内数据中出现了异常噪点,可通过数据算法进行数据粗差的剔除,以减少异常数据的影响。

6.2.2 生成监测日报表应选择每日同一时间数据,以降低温度、工况对监测数据的影响。因此,系统应具备数据选取功能进行日报表的生成。

6.2.3

1 当采集到的监测数据超过事先设置的阈值时,系统应进行相应的报警,并向指定的报警信息接收人员发送报警信息。

2 报警阈值应设置多级,以应对不同的工况要求。如设置一、二、三、四级预警,或使用蓝、黄、橙、红预警,以表征不同的报警级别。

3 报警审批,即人工确认报警/消警,防止因数据采集误差造成的误报警。

6.2.4 可视化展示方式包括图片、GIS 地图、BIM 等一种或多种方式进行项目位置、监测点位置的呈现,并具备交互功能。

7 监测成果及信息反馈

7.1 监测成果

7.1.1 自动化监测成果与人工监测成果比较,既包含原始自动化采集的数据包,也包括自动导出的报表、计算分析资料、图表、曲线、文字报告等。

7.1.2 监测成果资料宜由自动化监测管理系统自动生成,并包含完整的信息。这些资料主要包括历时变化曲线、监测点位图、巡查表等除了文字报告部分外的能自动化生成、导出的监测分析信息资料。

7.1.6 监测成果资料应结合工程的实施阶段或按时间节点定期进行整理分析并备份存档,作为过程成果。

7.1.7 自动化监测成果应以电子、纸质两种形式分别提交,按照建设工程档案资料保存年限进行归档。原则上,根据无纸化办公的要求,宜以电子形式进行备份归档、提交;考虑习惯问题,建议同时以纸质资料形式予以资料的归档、提交。资料归档的有效期参照工程资料存档期限,但监测的目的主要是过程监控,对于建设工程,可适当缩短期限;对于运营期的轨道工程,应长期保存,以保证监测资料的连续性和满足后期监测信息的分析使用要求。另外,自动化监测软件系统宜具备满足电子形式归档所要求的电子签章功能。

7.2 信息反馈

7.2.1 监测过程成果资料包括监测日报表、报警信息的提交、监测报告传递、监测预警及相关情况通知等,宜采用自动化方式进行反馈。

7.2.3 考虑到监测信息的保密需要,应根据工程管理需要,针对不同层级和权限的相关人员设置梯次预警功能。

7.2.4 当出现异常情况时,必须立即进行报警,并根据警情程度通知相应层级的工程参与人员,以采取应急措施。本条按照在建基坑工程、隧道工程、高架桥梁工程以及运营阶段的隧道、车站工程、高架桥梁出现的不同异常情况进行了列举。